KB165971

김용균 자서전

참 많이 달라진 세상

지은이 김용균

차례

사람이 살아가는 동안

생업과 성문제와 종교문제가

큰 문제일 것입니다.

저자는 이 책에서 제가 살아 오면서

만나온 그러한 문제들을

솔직하게 적어보았습니다.

서 문

이 책은 원래 현국이, 현우(작가의 조카들)에게 주려고 40년 전부터 써 보려고 하다가 10년 쯤 전에 팔 수 있는 책으로 출간 했으나, 조금 팔다가 나머지 많은 책들이 불태워지고 (누가 태웠는지는 모른다. 가족들인지 정신병원인지) 이제 다시 쓰게 된 책이다. 당시에는 케네디 미국 대통령의 혼외정사가 이 책에 소개되어 있었다. 이 책은 너무 오래된 사건들을 대충 생각나는 대로 쓴 글이라 지난 번 출간했던 책과 비교하면 빠진 부분도 있고, 더해진 부분도 많을 것이다. 순서가 뒤바뀐 것도 있을 것이고, 사건의 묘사가 약간 차이가 나는 것도 있을 것이다. 이 책은 부피는 작지만 65년을 사는 동안 25번쯤 정신병원에 들어갔던 이야기가 있다. 첫사랑 이야기, 짝사랑 이야기, 학생시절, 성적인 방황, 군 복무 시절, 교사생활 하던 시절, 하숙일 하던 시절 등등 65년을 살아온

한 남자의 기록이다. 그러나 17살이면 읽을 수 있는 책이다.

　필자는 가톨릭 신자이면서 일시 냉담한 적도 있었지만, 회개하고 다시 성당에 다닌 사람이다. 영화 한 편 보면 볼만한 장면이 한두 군데 있는데, 이 책도 그렇다면 영화 한번 본다는 맘으로 사 주세요, 독자님. 가격도 그렇게 책정하겠습니다. 정신병원에 입원할 때마다 시키는 대로, 모범적으로 살고, 별 증상이 없어서 입원하면 3개월 정도 있다 나오곤 했습니다. 청량리 뇌병원에서 초진을 받고, 전기치료를 2번 받고, 병이 재발하지는 않았지만 대부분 나도 모르는 이유로 정신병원에 입원했었습니다.

6.25 사변 전후

  현국이, 현우야, 작은아버지가 제일 어렸을 때의 일로 생각나는 것
이, 아현동 언덕 위에 조그만 집에 살 때, 고모가 업어주다가 잘못 떨어
뜨려서 이마에 생긴 흉터야. (할머니가 말씀해 주셔서 기억하는 사실이
야.) 작은아버지는, 할아버지(작은아버지의 아버지), 할머니(작은아버지
의 어머니), 고모(작은아버지의 누나), 큰형(너희들의 아버지), 삼촌신
부님(작은아버지의 동생.) – 이렇게 여섯이 평화롭게 살고 있었어. 앞집
아저씨는 작은아버지를 "샌님" 이라고 불렀어. 한번은 어린 작은아버지
가 화를 내고 집에서 고려병원 쪽으로 도망쳐 내려오다가 식구들에게
잡혀 안겨오던 생각이 나.

  이렇게 평화롭게 살다가 6.25사변이 터졌어, 큰형이 12살, 고모가 13
살, 작은아버지가 6살, 삼촌신부님이 1살 때의 일이야. 사변이 터지자,

할아버지는 우리 살림살이를 수원에 있는 어느 일가 분 집에 가져다 맡기고, 식구들을 경기도 용인까지 (일가 분들이 사시던 곳.) 태워다 주셨어. (할아버지의 직업은 운전수였어.) 할아버지는 서울 회사로 되돌아가시고, 전황이 나빠져서 우리 식구들은 할머니의 수양오빠 (훈기네 아저씨라고 불렀어)의 피난 행렬에 끼어 피난길에 합류했어. 이때 어머니는 편찮으셔서, 한 손에는 지팡이를 잡고, 나머지 한 손에는 작은아버지의 손을 잡고, 큰형은 식구들이 덮을 이불을 등에 지고, 누나는 어린 신부 삼촌을 업고 떠났어. 나중에 어머니께서 들은 얘기인데, 전세가 악화되어 아버지는 피난 가는 회사의 마지막 차를 타고 부산까지 가셔서 무척 고생하며 지내셨다고 하셨어. 피난길에는 반찬을 가져갈 수 없어서 깨소금을 가지고 간 것 같고 이미 피난 가버린 집에서(더 남쪽으로 피난 가버린 집) 남겨둔 고추장, 된장을 재수가 좋으면 발견해서 먹었나 봐. 이 당시에는 자동차나 기차의 수가 적어서 대부분의 사람들이 소 달구지를 끌고 가거나 걸어서 피난을 갔어, 남쪽으로.

한번은 길이 막혀 울면서 눈 덮인 작은 산을 넘어가야만 했는데, 우리와는 반대로 북쪽으로 지나가던 국군 아저씨가 호주머니에서 대추를 한 움큼 꺼내어 작은아버지에게 주었어. 작은아버지는 울음을 그치고 그걸 먹으면서 언덕길을 미끄럼 타고 내려와 피난행렬에 끼었어. 말이 피난이지 그저 매일 조금씩 조금씩 남쪽으로 걸어가는 것이었어. 충

청북도 청주시까지 밖에 못 갔어. 이곳에서 잎담배를 말리는 이 층 방에서 지냈던 일도 생각나고, 한번은 노살로누나(훈기네 누나)가 미군이 버렸다는 닭발을 주워 끓였다는 국 맛을 잊을 수가 없어.

휴전이 되자, 용인으로 우선 돌아와서 처음엔 작은 아버님 댁에서 살다가 좀 있다가 다른 집으로 방을 구해서 나가 살게 되었어. 작은 어머님이 만드신 시큼한 총각김치 맛이 좋았어. 무청 길이가 30센티는 됐나 봐. 그거 두세 가닥이면 밥 한 그릇을 다 먹었어. 이때는 종이가 귀해서 변을 보고 나서는 볏짚을 구겨 항문을 닦던 그런 가난한 시대이었어.

한번은 동네에서 잘사는 강시오라는 분 집에, 어린 신부삼촌이 먹을 것을 얻어 오려고 갔다가 수탉에게 혼났던 생각도 난다. 봄철이 되어 작은아버지는 국민학교(지금의 초등학교)에 입학했어. 큰형이 써준 원고로 학교 운동장에서 웅변을 했던 기억이 나.

한번은 미군 비행기가 동네 논바닥에 떨어져 폭발했어. 조종사는 타죽었대. 이때, 신부 삼촌은 세 살 이었는데 비행기가 추락한 논 가까이에 있는 개울가로 큰형이 만들어 주었던 장난감 구루마를 끌고 혼자 놀러 갔었는데 집으로 무사히 돌아왔어. 비행기가 폭발할 때 총알이 마구 터지고, 무서워서 재덕이 아저씨의 아버지는 소를 몰고(이 당시에는 농가에서 소가 제일 큰 재산이었나 봐.) 산으로 피해 가 있다가 돌아오셨다고 해. 병기 아저씨(나중에 신부님이 되신 5촌 아저씨)가 미군에게 당시 상황을 영어로 말해 주었대. 미군 트럭들이 와서 비행기 잔해를 싣고 가고, 동네 사람들은 논바닥을 뒤져, 파편을 주워 강냉이 장사에게 팔았어.

아현 국민학교 시절

전쟁이 끝나자(휴전), 아버지가 서울 우리 집으로 식구들을 또 실어다 주셨어, 작은아버지는 국민학교 2학년이 됐어. 시골에서 공부하다가 서울에 올라와 보니 공부 잘하는 애들이 많더라. 작은아버지는 처음에는 "반대말"이 무슨 뜻인 줄 몰라서 "선생"의 반대말을 "생선"으로 시험답안지에 적어 냈어. 서울 학생들처럼 참고서, 수련장을 샀더니, 곧 공부를 잘할 수 있게 됐어. 담임선생님은 조인호 선생님이셨는데(여선생님), 작은아버지를 사랑해 주셨어. 같은 반에 이명옥이란 단발머리를 한 예쁜 여학생이 있었는데, 좋아했지만 말 한마디 못 붙여봤어.

4학년 때는 장학 선생님(여선생님)이 담임 선생님이셨어. 장학 선생님은 남편을 여의고 아들 하나를 데리고 사시던 분인데, 머리 모양을 도나쓰처럼 동그랗게 말아서, 선생님이 안 계실 때 애들이 "도나쓰"라고 놀렸어. 아버지가 회사에서 캐러멜을 많이 가져오셔서 조금 갖다 드렸어. 권녕세라는 잘 생기고, 키도 크고, 공부도 1등인 어느 초등학교 교장선생님 아들이 우리 반에 있었어. 선생님은 녕세를 제일 사랑해 주셨지만 작은아버지도 사랑해 주셨어… 권녕세와 이재도, 작은아버지, 유숭열등과 여자애들 중 공부를 잘하는 박명주, 이금자 같은 애들이 음악시간에 교실 앞에 불려나와, 선생님의 풍금소리에 맞춰 노래를 부르던 생각이 난다.

5학년 때는 김택려 선생님(남자 선생님)이 담임 선생님이셨어. 이 선생님께서는 우리들을 보고 "새우젓"고장 애들이라고 핀잔을 주셨어. 가난한 동네 아이들이란 뜻이었나 봐. 우리학교 가까이에 마포가 있는데, 예전엔 인천에서 마포로 새우젓을 싣고 다니던 배가 드나들어서 그랬나 봐.

6학년 때는 다시 장학선생님이 담임이셨어. 이 당시에는 초등학교에서 공부를 잘하면 좋은 중학교에 무시험으로 배정되는 제도였어. 경기중학이 전국에서 제일 좋고, 둘째가 서울중학교, 셋째가 경복중학교. 넷째 좋은 중학교가 용산중학교였어. 졸업 후에 녕세가 경기중학교에, 이재도는 서울중학교에, 작은아버지는 경복중학교에, 유숭열은 용산중학교에 배정되었어. 같은 해에 큰 형님은 연세대학교 영문학과에 입학했어. (큰형님은 양정고등학교를 최우수 학생으로 졸업하고 대학에 입

학한 거야.) 작은아버지가 중학생일 때를 전후해서 정균이 작은아버지
와 재균이 작은아버지가 출생했어.

경복중고등학교 시절

중학교 때는 공부를 잘못했어. 큰형은 군대에 나가 있었어. 중학교에 오니까 애들이 별의별 여자 이야기를 많이 하더라. 노는 시간에 어떤 애들은 교실 뒤에서 둥그렇게 서서 바지들을 벗고, 자지들을 두 손으로 소중한 듯이 어루만졌어. 어떤 애는 어제 수음을 해보니까 "좍좍 나가더라"고 했어. 작은 아버지도 수음도 해보고, 세 살짜리 재균이 작은 아버지에게 어머니가 아침 밥하러 나갔을때 이불속에서 자지를 한번 입에 물어보라고 한 적도 있어. 수음은 처음엔 6개월 정도 참아보기도 하고, 3개월 정도 참아보기도 하고, 일주일 정도 참아보기도 하고 하루에 한 번씩도 해봤어.

큰형이 작은아버지가 말을 안 듣는다고 때리면, 작은아버지도 큰형이 없을 때 어린 신부삼촌이 말을 안 듣는다고 빗자루로 종아리를 때렸어.

같은 반에 잘 사는 애들이 많았어. 아버지가 큰 음식점을 한다는 봉근이, 아버지가 국회의원인 김건, 아버지가 의사인 함경수 같은 애들이 부러웠어. 이때는 학생마다 학교 생활기록부에 아버지 직업란을 써야 했는데, 아버지 직업을 운전수로 쓰기가 부끄러워 한번은 아버지를 죽이겠다고 아령을 들기도 했어. 어떤 때는 아버지가 무섭지 않고 너무 순한 것이 못마땅해서 아버지 문패를 떼어내기도 했어. 아버지는 아무 말씀도 안하셨어. (지금 생각하니, 이 모든 것이 아버님 앞에 재롱이었어.)

이제 선생님들 얘기 좀 해볼까? 어떤 선생님은 "남자가 되려면 경복을 나와야한다"고 하시고, 어떤 선생님은 "사람 하나 값이 5억원이다." 하셨고, "돈을 벌려면 장사를 해야 한다."라고도 하셨어. 이근영 선생님(영어 선생님)은 학생들이 말을 안 듣는다고 우시고, 지리 선생님(박송우 선생님)은 매시간 수업시간을 10분쯤 전에 끝내고, 옹기장사 얘기를 해주셨어. 이 선생님은 주먹으로 군밤을 어찌 잘 주시는지 전체 기합 때 한 대씩 얻어맞으면 눈물이 핑 돌곤 했어. 또 어떤 선생님은 어떤 과학자가 공간이 물질이고, 물질이 공간이라고 주장한다고도 하셨어. 선생님들은 모두 유식해 보였어. 또 어떤 선생님은 일본에는 남녀 공용 공중목욕탕이 있다고도 하셨어. 일본이 부러워 보이더라.

여선생님은 세 분 계셨어. 무서워 보이고 안경을 쓰고 뚱뚱한 영어 선생님, 백의의 천사 같은 양호실 선생님, 공민과목을 가르치는 호리호리하고 예쁜 김정자 선생님이 계셨어. 김정자 선생님은 우리들에게 "잔소리를 잘게 알아들으면 잘게 되고, 크게 알아들으면 크게 된다"고 하셨어. 이 선생님이 안 보는데서 아이들은 "덩자, 덩자"하고 놀려댔어. 이 선생님 같은 누나가 하나 있었으면 하는 생각이 들더라.

이제 또 아이들 얘기 좀 해볼까? 백인강은 식수 끓이는 부뚜막에 올라가 빙빙 돌아다니며 장난치다가 다리가 뜨거운 물에 빠져 몇 달씩 학교에 못 나오기도 하고, 어떤 애들은 서선덕이라는 무서운 선생님이 계셨는데 이 선생님이 학교 건물 밑을 걸어가실 때 복도에서 "선덕아" 하고 그 선생님 성함을 부르다가 잡혀서 되게 혼났다는 이야기도 있었어.

첫 사랑 이야기

중학교 3학년 때쯤, 작은아버지는 매독 비슷한 병에 걸렸어. 얼마 동안을 혼자 고민하면서 무서움 속에서 지냈어. 이때 아버지가 실직을 하셔서 멀리 떨어진 시장에 점포를(건어물 파는 곳)내셨어. 가게는 작았지만 두 사람은 있어야 해서 어머니도 가게에 나가셨어. 누나는 시집갔었고 큰형은 군대에 나가있었어.

우리 집에 얼굴이 뽀얗게 예쁘고, 키가 작은 24세쯤 된 과부라는 식모가 들어와서 지냈어. (이때는 인건비가 아주 쌌나 봐.) 어느 날 방과 후 집에 와서 안방에 들어가 보니 이 식모가 녹색치마에 붉은색 저고리를 입고 눈을 감고 요위에 가만히 누워 있었어. 작은아버지는 신기하게 느껴져, 손을 가만히 그 여자 발에 갖다 댔어. 얼마동안 대고 있었어. 그 여자가 가만히 있길래 이번에는 종아리에 가만히 손을 대어 보았어. 그래도 가만히 있어서 이제는 무서움도 잊어버리고 허벅다리도 만져 보았어. 젖을 보여 달랬더니 가슴에 칭칭 감은 천을 풀고 보여 주었어. (이때는 브래지어가 없었던 시기였나 봐.) 성교도 한번 해보고 싶었지만 그 여자 몸에 병균이 묻을 까봐 손으로 수음을 한번 해 달랬어. 해주고 나서 그 여자는 돌아누워 작은 소리로 흐느껴 울더라. 다음날 학교에서 돌아와 보니 그 여자가 없어졌어. 부모님께 탄로 나면 큰일이라 안심은 됐지만, 그 여자가 불쌍해 보여서 소리 없이 울었어. 곧 옥분이라는 작은아버지보다 좀 크고 뚱뚱한, 작은아버지보다 나이가 약간 많아 보이는 어린 식모가 들어왔는데, 얼마 후에 이 사람도 나갔어.

신부님께 고해성사 시간에 매독에 걸렸다고 고백하니, 어머니에게 말씀드리라고 해서 말씀 드렸어. 어머니는 작은아버지를 서울역 맞은편에 있는 언덕위에 판잣집 촌으로 치료하러 데리고 가셨어. 큰 병원으로 데리고 가지 않아 께끄름했지만 이 병원 치료로 완전히 나았어. 습진이란 병이었어. 그 동안 창피해서 치료도 못 받고 뇌매독이 되면 어쩌나 하고 고민하고 지냈었어.

　고등학교 1학년 때 큰형이 제대하여 집에 돌아왔어. 공부를 못하던 작은아버지는 큰형에게 울면서 영어를 가르쳐 달라고 했어. 처음에는 이 교과서 저 교과서 영어책을 여러 권 읽고, 그 후에는 큰형이 지적해 주는 대로 "죄와 벌", "돈키호테", "일리아드", "오딧세이", "웟더링 하이츠", "제인 에어" 등을 영어로 읽게 되었어. 수학은 학원에 다니면서 서원찬 선생님에게 배웠어. 선생님이 감사해서 작은아버지는 칠판을 지우곤 했어.

　어렸던 정균이 작은아버지가 길거리에서 물방개 놀음을 하다가 어머니에게 꾸중을 들었다고 우리 신부님이 그러더라. 물방개 놀이는 길거리에서 장사꾼이 큰 양철통에 여러 개의 칸을 만들어 놓고 물방개가 헤엄쳐 돌아다니다가 들어가는 칸이 맞으면 상을 주는 작은 놀음이었어.

서강대학 영문과 입학과 휴학

짝사랑 이야기와 창녀촌 이야기

작은아버지는 어느덧 서강대학에 입학이 되었고, 큰형은 대학원 영문과에 다녔어.

번브럭 신부님이 작은아버지를 사랑해 주셨고, 성심여고 출신 여자 학생들이 공부를 잘했어. 영문과에는 정란이란, 유명한 화백의 딸이 있었어. 비 오는 날 노란 우의를 입은 모습이 멋졌고, 여름철에 강원도에 있는 하조대에 캠핑가서 포크댄스를 할 때 작은아버지 팔이 뻣뻣하다고 흉보던 생각이나. 사학과의 혜영이도 예뻤어. 빨간 털 스웨터를 입고 복도를 종종 줄달음쳐 달렸어. 작은아버지는 형님과 정란이 작은아버지와 혜영이가 짝이 됐으면 얼마나 좋을까 하고 생각했지만 말도 붙일 처지가 못 되었어.

작은아버지는 영어실력이 부족함을 깨닫고, 외롭고 공창제도가 있는 나라가 그리워지기도 하고 여자생각은 나고 해서 친구들에게 들은 영등포 사창가로 갔어. 비가 부슬부슬 오는 날 검정 우산을 쓰고서 가보니까, 파출소 앞으로 들어가는 길과 큰길 쪽으로 가다가 꺾어져 들어가는 길이 있었어. 파출소 앞길로 들어가고 싶었어. 조금 들어가니까 청색 투피스를 입은 가정집 처녀 같은 여자가 손을 잡길래 방으로 따라 들어갔어. 5초도 못되어 사정하고 말았어. 별로 뭐 같지도 않았어. 수음만도 못한 것 같았어. 나오는 길에 또 부르는 여자가 있었지만 그만 두었어. 들어오던 길과 다른 길로 빠져 나왔어. 이때쯤 정균이 작은아버지가 소신학교(가톨릭교 신부가 되려고 들어가는 학교)에 간 것 같아.

입 대

학교에 와보니 어쩐지 분위기가 이상해 보였어. 정란이가 사학과로 갑자기 전과하고 말았어. 작은아버지는 학교에 다니기가 싫어져서 남자면 꼭 가야한다는 군대에 우선 가기로 작정하고 퇴학원서를 냈어.(후에 아버지가 학교에 찾아 가셔서 퇴학을 휴학으로 고쳐 놓으셨어.) 아버지는 "대학을 졸업하고 너 하고 싶은 대로 아무 직업이나 가지라"고 하셨어.

수색에 가서 입영기차를 타고 논산 훈련소로 향했어. 차안에서 가족과 헤어지기가 싫어서 막 우는 사람도 있더라. 약간의 돈과, 시간이 있으면 공부할 영어책 한권을 가지고 출발했지. 밤늦게 기차가 논산 훈련소에 도착하고, 장정들은(입대 전 사람들을 이렇게 불러.) 밀밥을 먹었어. 쌀이 귀하던 시대라 밀밥을 먹은 거야.

신체검사를 받는데, "육손이, 평발, 체중 미달자"도 군복무를 해야 한

대. 작은아버지는 "체중미달"이라고 들었어. 지금 같으면 병역이 면제 되겠지만, 병력이 부족한 때라 군대 생활을 해야 한다는 것이었어.

처음에 P.R.I라는 훈련을 받았는데, 왼쪽 팔이 저리고 마비가 되는 것 같았어. 구보도 자주했는데 숨이 차서 뛰질 못하고 기합을 받곤 했어. 독도법, 모의 수류탄 던지기, 화생방 교육, 담력시험도 받았어. 담력 시험은 달밤에 산길을 혼자 걷게 하고, 이상한(무서운) 소리를 내거나, 길옆에 나뭇가지에 죽은 사람 인형 같은 것이 걸려있거나, 길을 걸을 때 갑자기 무엇이 튀어나오거나 하는 것이었어. 유격훈련도 힘들었어. 무섭고 힘들어서 못 받고 대신 기합을 받았어. 훈련이 끝나고 나서, 우리 훈련병들에게(훈련을 받을 때는 군인이 될 사람을 이렇게 불러) 어떤 훈련병이 돈을 내면 좋은 부대로 배치가 된다고 해서 작은아버지도 지니고 있던 약간 남은 돈을 냈는데 효과가 있었는지 없었는지는 모르겠어. 훈련을 다 끝낸 우리 일행을 실은 트럭이 밤중에 북쪽으로 달렸어. 한참 달리다가 차가 멈추더니 일행 중 몇 명을 어떤 군부대 앞에 내려놓고 차가 다시 달렸어. 차에 남은 훈련병들이 그 곳이 철원에 있는 포부대인데, 군기가 세고, 지내기 힘든 곳이라고 떠들었어. 좀 더 달리다가 우리 일행은 1109 야전공병단 단본부에 배치 되었어. 경기도 이동에 있는 공병부대였어. 작은아버지는 행정과 김병장의 조수가 되었어. (일을 가르치는 병정을 사수, 일을 배우는 병정을 조수라고 불러.)

얼마동안 지내다가 김숙흥 병장이 자꾸만 시비를 걸어 작은아버지와 실랑이를 벌이다가 작은아버지가 주먹으로 이를 쳐서 작은아버지의 오른손 넷째와 다섯째 손가락 사이가 찢어져 지금도 조금 찢어진 자국이 남아있어. 밤중에 최고 고참인 고명호 하사가 과원들을 모두 집합시켜서 과원들 모두가 함께 기합을 받았어. 며칠 후에 큰형님이 면회를 오고, 먹을 것을 사다주어서 좀 준것 같고, 계면쩍게 먹은 것 같아. 며칠 뒤에 근처 일동에 있는 123대대(예하부대)로 옮기게 되었어. 여기서도 역시 행정과에 배치되었어. 123대대에는 박진길하사, 송병장, 정진웅병장, 정득근 상병, 이수길상병, 경도호상병 등이 있었어. 작은아버지보다 조금 뒤에 김흥기 일병이 들어왔어. 어떤 날 밤에 박하사가 술이 취해 들어와서 과원들을 괴롭혀서, 작은아버지도 의무대, 통신과 등으로 도망쳐 다녔어.

이수길 상병은 강원도 횡성에서 왔다는데, 키가 작고 호리호리해도 힘들고 귀찮은 잡일을 얼마나 잘하는지 부러워 보였어. 얼마 뒤에 윤성배 이병, 강영배 이병, 이재해 이병들이 우리 과에 왔어. 김흥기 일병은 인천 주안에 사는 어느 목사님 아들이라는데, 역시 부러웠어. 키도 크고 얼굴도 둥글 넙적 미남이고, 유순해 보이지만 힘도 무척세고 다른 과의 병정들과도 잘 어울려 지냈어. 어떤 때는 윤성배 이병을 한손만 써서 꼼짝 못하게 제압하는 장난도 쳤어.

군대는 지내기 힘든 곳이야. 처음에 시간이 남으면 공부를 하려던 계획은 전혀 불가능한 일이었어. 군대에서는 보초를 매일 밤 서야 하는데, 잠자리를 펴고 자리에 눕자마자 교대하기도 하고, 어떤 때는 곤하게 자고 있을 때 깨우기도 했어. 어떤 병정들은 지내기가 힘들어 총으로 자살한 사람이 두 차례나 있었어. 어떤 때는 이유도 잘 모르게 기합을 받고, 전체 기합 땐 5파운드 곡괭이 자루로 엉덩이를 얻어맞기도 했어. 군대생활은 너무 힘들어 하느님 밖에 의지할 곳이 없었어. 그러나 군대에도 조금 편해 보이는 애들도 있었어. 강대우는 청원휴가를 자주 다니고, 노갑지라는 병정은 청원휴가도 가끔 가고, 중대 서무계 일도하다가 PX(군대 내에 있는 상점)에서도 근무하다 세탁소에도 근무하다 했어. 작은아버지는 대대 서무계였어. 장교와 사병들의 당직-근무 시간표를 짜고, 표창상신도하고, 졸병일 때는 식기 당번도 하고, 연탄공장에 사역을 나가기도 했어. 하루는 강영배 이병과 이재해 이병이 작은아버지 말을 안 들어 엎드려뻗쳐 시키고 엄지손가락 굵기만 한 몽둥이로 때려줬는데, 강일병은 풀이 꺾여 말을 듣다가 얼마 뒤 월남전에 자진해서 갔어. 차출 당했으면 몰라도 지원해서 가는 강일병이 불쌍해 보였어.

이제 우리부대의 장교들 얘기를 좀 해보려고 해. 한번은 직업군인인 이채국 소위에게 이유도 모르게 따귀를 맞고, 안경이 깨져 서울에 있는 우리 집으로 안경을 맞추러 이소위와 동행한 적이 있었어. R.O.T.C 장교들은 작은아버지를 좋아했어. 한번은 작은아버지가 초소 바로 곁에 있는 라면집에서 다른 병사에게 잠시 초소를 맡기고 라면을 먹고 있을 때, 멀리서 황정수 소위의 순찰 소리가 나서 급히 초소로 가서 기다렸어. 또 한 번은 정하복 소위가 작은아버지에게 청원휴가증을 달라고 하길래 주었어. 처음이자 마지막으로 작은아버지가 몰래 만든 휴가증이었어.(행정병들은 몰래 청원휴가증을 만들어 두었다가 보급과 애들과 옷이나 건빵, 통일화 같은 것과 바꾸며 지냈어.) 또 한 번은 이덕봉 소위와 영외에서 동행하게 되었는데, 여기가 병사들이 "싸리고개"니 "낙동강"인지 하는 창녀가 머무르던 곳이었나 봐. 이 소위는 그곳에 남고, 작은아버지는 부대로 돌아왔어.

군대에서는 수음을 한 번도 안했나봐. 한번은 정기휴가를 마치고 귀대할 때 버스 맨 뒷좌석에 앉아 있었는데, 검은 베일을 한 여자가 옆에 앉더니 베일로 작은아버지 어깨를 가만히 감싸 안아 좋았지만 치우라고 했어.

대대장님은 김학문 중령이셨는데, 이분이 소위들의 정강이를 군화발로 잘 때리는 무서운 분이라고 들었는데, 내무사열 받을 때 다른 병사는 피하고 삼촌이 혼자 대기하고 있을 때, 지적 없이 그냥 지나치셨어. 제대 날 노갑지, 최광오 등과(노갑지는 작은아버지 따귀를 때린 일이 있고, 최광오와는 서먹서먹하게 지내온 사이였어.) 같은 차를 타고 오다가 서로 아무 말 없이 제각기 제 집으로 향했어.

군대생활 직후

집에 왔더니, 어머니의 표정이 어쩐지 이상했어. 차라리 못 마땅해 하시는 것 같았어. 작은아버지는 큰 잔치가 벌어질 것이라고 생각하고 있었는데. 작은아버지는 말했어. "나는 죽음을 이기고 돌아왔어!" "대통령 딸과 결혼해도 손색이 없어."하고 (죽을 고생을 하다가 돌아왔다는 얘기였고, 대통령이 위대해 보였기 때문이었어.) 저절로 나온 말이었지, 특정한 대통령도 아니고, 후에 알게 되었지만 대통령에게 딸이 있다는 것도 몰랐어.)

정란이와 혜영이 집 주소를 학교에서 알아내어 찾아가 보았어. 정란이는 대학원에 다니고 있었고, 대접에 조그만 사탕 알들을 내어 놓았어. 정란이 어머니인 듯한 분이 엄한 표정을 하고 계셨어. 서로 한마디도 말도 안하고 있다가 집으로 왔어. 혜영이네를 찾아가 보니, 어린 아기를 안고 대문 밖으로 나왔어. 결혼했나봐 그 동안에. 역시 서로 말을 한마디도 안하고 집으로 돌아왔어. 작은아버지는 외로웠어. 다시 영등 포에 가서 어느 창녀의 등을 밤이 새도록까지 만지기만 하기도 했어.

이 당시 작은아버지는 길가에 세워두고 문을 열어놓은 자가용을 보면(이때도 가난한 시대라 자가용 가진 사람이 별로 없었어.) 작은아버지가 훌륭해서 타라고 세워둔 것 같은 생각이 들기도 하고, 어떤 때는 우리 집 벽속에 작은아버지 마음을 아는 기계가 있는 것 같은 생각도 들었어.

작은아버지는 이렇게 지내다가 청량리 뇌병원에 입원하게 되었어. 들어가 보니, 방구석에 혼자 웅크리고 앉아 뭔가 작은 소리로 중얼 거리는 사람, 때를 안 닦아 더러운 사람, 혼자서 킥킥 웃는 사람, 무서워 보여서 가까이 가고 싶지 않은 사람들이 있었어. 물론 침대에 점잖게 앉아있는 점잖은 사람도 있었어. 사람들이 여기가 청량리 뇌병원 구관이고, 신관에서 먹고 남은 밥을 주는 곳이래. 며칠 뒤에 신관으로 옮겨졌어. 처음엔 배가 고파서 남이 남긴 밥을 먹기도 하고 구호물자인 강냉이 가루로 만든 빵을 먹기도 하고, 간식비로 빵과 우유를 사먹기도 했어. 왜 그리 밥맛이 좋았는지 모르겠어. 주치의는 정동철 박사였고, 작은아버지의 병명은 "과대망상을 주축으로 한 정신 분열증"이었어. 이 병원에서 전기치료를 두 번 받았어. 머릿속의 복잡한 생각을 지워주는 치료라고 해. 두 달쯤 머무르다 나온 것 같애. 처음엔 치욕적으로 들어간 것 같았지만 큰형님이 면회 와서 휴양하는 셈치고 지내보라고 해서 마음이 가벼웠어. 병원에서 나와서 병이 아닌 것 같이 느껴져, 지어준 약을 반을 쪼개어 먹어보기도 하고, 안 먹어 보기도 했어. 그렇게 해보니 잠도 잘 안 오고 식욕도 없어지고 해서 계속 먹기로 작정했어. 그런데 약(K.P)을 먹으면 졸리운 느낌이 들어서 일상생활에 지장이 있고, 일을 못할 것 같아 의사 선생님께 말했더니 (H.P)라는 약으로 바꿔 주었어.

이때쯤 정균이 작은아버지가 국민대학에 입학하고, 재균이 작은아버지는 신학교에서 나왔어.

서강대학에 복학

서강대학에 복학하니, 정란이를 볼 때도 있었고, 현 대통령 딸과 같은 강의를 들을 때도 있었어. 괜한 소리를 한 것 같아 머리를 들지 못했어. 하루는 차하순 교수님 강의 시간에 "역대 교황 중에 아이를 8명 가진 교황이 있었다"고 해서 수업이 끝나고 교수님을 쫓아가 책을 봤더니 정말 써져 있더라. 작은아버지는 성적으로 죄의식에 사로잡혀 있었는데, 이 말을 듣고 창피하고, 고맙고, 어리벙벙하고, 구원을 받은 것 같았어.

이때쯤 큰 형님은 결혼을 했을 것이고, 모교인 연세대학에 강사가 되었을 것이야. 연세대 부근에 집을 얻어 살았어.

서강대학에서, 작은아버지가 졸업이 가까워 졌을 때, 예수회 킬로런 신부님이(서강대교수) 여학생과 결혼을 했다고들 해.

대학을 졸업할 때 쯤, 큰형님이 명지 중학교에 교사 자리가 있으니 교사로 가라고 했는데, 무슨 생각에서였는지 안 가고 지내다가 나중에는 서울에 교사자리가 없어 천안으로 이력서를 내려고 갔어. 천안에서 하루 밤을 묵을 수밖에 없어서 여인숙에 들어갔는데, 또 자꾸 여자 생각이 나서, 주인더러 여자를 불러 달라고 했어. 나이어린, 발랄해 보이는 창녀가 들어왔어. 돈을 좀 많이 줬어. 하루밤새 자지를 만져 달라고만 했어. 날이 새자 밥을 해 주겠대. 그만 두라고 했어. 데려다가 부모님께 결혼시켜 달라고 하고 싶었어. 그 여자애는 어느새 도망쳐 버렸어. 이력서를 냈는데 불합격 됐어.

이때쯤 우리 식구들은 신림동 집으로 이사를 했어. 신림동 집은 작은 아버지가 군복무시 사두셨던 집인데, 안채는 하얀 타일 집이고, 바깥채는 허름한 슬레이트 지붕의 집이었어, 안채에는 방이 두 개가 있었고, 바깥채에는 방이 세 개가 있었어. 바깥채는 남에게 빌려주고, 안채에서는 우리 식구들이 살았어.

한번은 집 부근에 있는 여관에 가서 여자를 불러 달랬더니, 일하던 여자가 자기도 괜찮으냐고 해서 목욕을 하고 성교를 한번 했어. 얼마 후에 또 한 번 찾아가서 말을 하니 화장을 짙게 한 예쁜 아가씨를 불러 줬어. 불쌍하기도 하고, 무서워도 보여서 한번 껴안아 주기만 하고 헤어졌어.

교사생활 시절

선명여자 상업전수학교 시절

졸업 시, 전체 성적을 보니, 묘하게도 총점이 1점 모자라 대학원 진학을 할 수 없었어. 더군다나 대학원에 갈 준비도 안했었고. 돈을 벌어야 해서 아현동에 있는 여자 전수학교에서 6개월인가 1년인가 교편생활을 했어.

이 학교를 그만두고 얼마동안 집에서 쉬는데, 여자생각은 나고, 돈도 없는 처지여서, 어느 날 아무도 없을 때, 바깥채에 세 들어 사는 6살짜리 혜경이라는 여자아이를 방으로 들어오라고 해서, 이불 속에서 자지를 한번 만져보라고 했어. 옆에 사는 영주라는 6살짜리 여자아이에게도 똑같은 짓을 했어. 다음날 혜경이가 마당에서 "아저씨 나사요, 백만 원이요"라고 해서 작은아버지도 얼떨결에 "혜경이 사세요. 백만 원이

요"하고 대답해 주었어. 혜경이 부모님이 이 사실을 안 것 같아 겁이 나서 어머니에게 그런 일이 있었다고 울음 섞인 소리로 얘기했어. 어머니는 아무런 말도 안하셨어. 조금 후에 정신병원에 또 들어갔어. 혜경이와 영주 문제 때문인 것 같았어. 병원에서 나와 보니 혜경이네가 어디론지 이사 가고 없었어. 영주네는 모르겠고. 그 후 혜경이네가 살던 방에는 수영이네라는, 조그만 여자 세 자매를 기르는 사람이 이사 와서 살았어.

이때쯤, 정균이 작은아버지가 대학을 졸업했으나 일자리를 구하지 못하고 지냈어. 이젠 재균이 작은아버지만 대학을 졸업하면 형제들 모두가 대졸일 텐데. 이 무렵 부모님과 정균이, 재균이 작은아버지가 모두 큰형님 집으로 가서 살게 된 것 같아.

환일 고등학교 시절

지금부터 35년 전쯤인 1974년에 환일 고등학교에서 교편을 잡게 되었어. 어머님이 학교 곁에 조그만 삭월세방을 얻어 주셨어. 작은아버지는 결혼해서 이곳에서 살게 된 거야. 이헌재 박사가 정신병이 유전 안 된다고 해서 어머니에게 결혼시켜달라고 떼를 써서, 중매반 연애반의 결혼을 했어. 작은아버지의 성적방황이 여기에서 끝났어. 이때가 작은아버지가 29살 되던 때였어.

환일학교 이사장님 집안은 예일이라는 여자중고등학교도 가지고 있었는데, 형제들 두 분이서 운영한다고 누가 그랬어. 작은아버지는 환일이나 예일 같은 재단 하나만 우리 가문 것이라면 얼마나 좋을까 하고 생각했어.

이 시절에는 학생들이 거칠어서 선생님이 매를 때렸는데, 작은아버지도 어느 학생을 기절시킨 일이 있었어. 어느 학교에서는 교사가 학생을 때려 두개골이 깨져 죽었지만 무죄판결을 받았다는 이야기도 있었어. 작은아버지는 공부안하고, 말 안 듣고 하는 학생을 때려죽일 수도 없고 해서 환일 학교를 휴직했어. 이때쯤 재균이 작은아버지가 국제 대학을 졸업했어. 취직은 안 되었지만 형제가 모두 대졸이라 기뻤어. 정균이, 재균이 작은아버지도, 첫째 작은아버지도 직업이 없었어.

어머니는 작은아버지에게 섬벵이 아저씨 얘기를 해 주셨어. 섬벵이 아저씨는 국민학교도 못나왔는데, 우리나라가 해방될 때 일본인이 남기고간 큰 뼹끼 회사를 자기 것이라고 해서, 지금까지 잘 경영해 온다고 하셨어. 너희들은 왜 그리 복이 없느냐는 어머님의 푸념 소리였어.

환일학교 시절에 딸 현진이가 태어났어. 이때쯤 큰형님이 아버님 환갑잔치를 큰 음식점에 준비했어. 다음해인가 그 다음해에 아버님은 "하느님은 계실거야"하시고 췌장암으로 돌아 가셨어.

문일 중학교 시절

다시 신림동 집으로 와서 살게 되었어. 집 부근에 있는 문일 중학교에 연결이 되었어. 이번에는 중학생을 가르치게 됐어. 하루는 작은아버지 바로 옆에 앉은 힘센 교사가 어린 학생을 교무실에 불러다가 세워놓고 지독히 큰소리로 야단치는 것도 싫고 해서 이학교도 그만 두었어.

이때쯤 어머님이 신림동 집을 처분해서 신촌 노고산동에 13평짜리 방2개짜리 시영아파트(조그마했어)를 사주시고, 재균이 작은아버지도 정신분열증 경력이 있어서 조그만 집을 사주셨어.

복지 고등학교 시절

집에서 쉬다가 의정부 신곡동에 있는 복지 고등학교에, 신문광고를 보고 들어가게 되었어. 이곳은 설립자이며 교장인 안채란 선생님이 계셨어(여자분). 이 선생님은 아들이 학교 돈을 축냈다고 아들을 영창에 집어넣었다고 어떤 선생님이 말하더라. 대우(봉급)는 미흡했지만 가끔씩 교직원들에게 우유도 사주시고, 선지국도 끓여 주셨어. 운동장 조회시간 후에는 뚱뚱한 몸을 이끌고, 연세도 많으신 여자분이 교련복을 입고 학생들과 같이 운동장에서 지낸 시간이 많았어. 이 학교를 다니다가 현준이를 낳았어.

상동여자 중고등학교 시절

강원도 영월군 상동에 대우가 좋은 학교가 있다는 신문광고를 보고 찾아가 봤어. 이 학교로 연결이 됐어. 혼자서 살다가 1년쯤 후에 작은엄마와 현준이, 현진이도 이사를 왔어. 현진이가 탈수증 혹은 가와사키병으로 죽었어. 아이들도 공부하기를 싫어하고, 또 외진 곳에 살면 현준이도 안될 것 같아서 병원 곁으로 가야 할 생각으로 다시 서울 노고산동 우리 아파트로 이사를 했어. 이때쯤 어머님 환갑잔치를 어느 수녀원 건물을 빌려서 조촐하게 큰형님이 준비 했어. 어머님의 뜻에 따라서.

생활비가 부족했지만 집을 팔면 안 되었기에 작은엄마는 "조금이라도 돈을 벌겠다고." 매듭짓는 일도 잠시하고, 미장원 자격증을 그전에 따 놓았지만 적성에 안 맞는지 미장원을 내보자는 얘기도 안하고 가난하게 살았어. 보다 못한 어머님이 누나네 집을 빌려 하숙일을 하겠느냐고 하셔서, 작은엄마가 찬성하고, 작은아버지도 해보겠다고 해서 노고산 아파트를 처분하고, 약간의 빚을 얻어 하숙을 치기 시작했어. 하숙일을 시작한 게 84년도이니까, 지금부터 30년쯤 전 이야기지.

하숙일 & 경비일

84년부터 88년까지 4년 동안 하숙을 쳐서 돈을 좀 벌었어. 누나네가 이 집으로 이사를 와야 할 사정이 되어, 집을 비워주게 되었어. (큰형님은 그동안 연세대학교에서 박사학위를 받고 모교인 연세대학교에서 정년이 될 때까지 봉직했어.) 그동안 작은아버지는 여러 학교를 옮겨 다니고, 휴직도 하고 지냈지만 휴직기간까지 모두 합쳐서 10년 정도밖에 교직생활을 못한 거야. 성격에 안 맞아서.

1988년에, 그동안 하숙쳐서 번 돈과 노고산 아파트를 처분한 돈과 매부와 큰형님에게서 약간의 돈을 꾸어 누나네 뒷집을 판다고 해서 우리가 사서 지금까지 하숙을 친 거야. 이층집이었어. 결혼 초에 가난하게 살 때, 작은엄마가 작은아버지더러 조그만 이층집만 있다면 원이 없겠다고 말하던 생각이 났어. 아까도 말했지만, 지금부터 30년 전에 하숙칠 때는 반자동 세탁기로 많은 학생들 세탁을 해주고, 방마다 연탄불을 갈아 넣어야 하고, 시장에 배낭을 지고 다니면서 작은엄마와 둘이 가서 찬거리를 사와야 하고, (이때까지도 우리나라엔 자가용이 드물었어.) 먹을 물을 안산에 가서 배낭에 짊어지고 왔어.

그 후 세월이 많이 흘러 하숙 치는 일이 쉬워졌어. 완전 자동 세탁기, 도시가스, 파는 생수, 자가용 등이 등장해서 작은아버지가 할 일은 청소밖에 할 일이 없어서 세브란스 치과병원을 지을 때 잠시 경비도 서본 적이 있어. 그리고 현준이와 동네 아이들에게 영어를 돈을 받고 4년 정도 가르쳤어. 현준이만 따지자면 국민학교 1학년부터 고등학교 1학년 때까지 10년 동안 과외 시키는 셈 치고 영어와 수학을 가르쳐 주었고.

어머님이 사망하셨어. 매부와 같이 성당에 아침미사 가시다가 과속으로 달리던 차에 두 분이 치었어. 어머님은 돌아가시고, 매부는 한쪽 다리가 으스러져 버렸어. 이때쯤 우리 신부님은 고려대학에서 심리학 박사학위를 받으셨어. 하숙이 잘되어 돈을 모아 한 층을 증축해서 삼층 집으로 만들었어. 땅도 좀 사놓고.

11

종교

그동안 오랫동안, 정균이 작은아버지, 현국이, 현우, 현준이가 가톨릭교를 비난하거나 나쁘게 생각하지는 않으면서도(매년 두 차례 성묘 때에도, 할아버지, 할머니 산소에 찾아가 기도하고, 설날 때도 같이 모여 기도하고, 십자가를 자기 방에 걸어놓고 지내고) 냉담 상태로 지내왔어. 현국이는 동거녀와 결혼했다가 이혼도 경험했다. 큰형님은 정년퇴직한지 오래고, 작은아버지는 아직도 하숙치고 있고, 신부님은 특수사목(천주교 고문서 관리신부)을 하고 있다. 정균이와 재균이 작은아버지는 주로 아내들이 번 돈으로 생활해왔다. 그러나 정균이 작은아버지는 현영이를 이대 피아노과 대학원까지 졸업시켰다. 현수(재균이 작은아버지 딸)는 곧 간호학과에 갈 예정이라고 하고.

완전한 종교는 없는 것 같다. 무모하게 칠성님을 믿는 사람도 있고,

공자 같은 분이 구원을 못 받지는 않았을 것이라는 주장은 있으나 지금 유교신자들은 이발을 하고 지내고, 스님 중에는 고기를 잘 먹는 분도 있다고 하고, 목사님은 돈만 안다고 핀잔 받고, 가톨릭 교회는 면죄부 때문에 사람들의 의혹을 받아왔고, 아이를 8명 가진 교황이 있었고, 또 성체를 신자들은 절대 못 만지게 하다가 손으로 받아 영하고, 개신교 신자는 구원을 못 받는다고 하다가 지금은 성서를 공동 번역하기도 했다. 그러나 가톨릭교회에는 신이 계시다고 고백하다가 순교한 교황님들과 신자들이 얼마나 많은가? 대학시절에 철학 강의 시간에 외국의 어느 온건한 무신론자가 "종교는 인간에게서 뗄 수 없는 현상이다. 그러나 종교는 변화해 나가야 한다."는 말이 생각난다.

12

그동안의 우리 가문과 문중

할머니마저 돌아가신 후, 신부 삼촌은 할머니대신 이 형제, 저 형제 집을 찾아다니며 돈을 쓰고, 할머니 노릇을 해왔다. (재균이 작은아버지의 결혼을 주선하고, 정균이 작은아버지가 큰형님과 사이가 나쁠 때도 찾아다니고, 작은아버지가 자서전을 쓰겠다고 했을 때에도, 큰형님이 소설을 써보는 것이 어떻겠냐고 할 때도 쓰지 말라고 하지는 않았다.) 큰형님은 할아버지가 퇴직하신이래, 할아버지를 도와, 작은아버지, 정균이 작은아버지, 재균이 작은아버지의 등록금을 대준 것 같고, 각자 결혼할 때 까지 먹여 살려온 것 같다.

현재 우리 가문은 형제가 다섯(큰형 71세, 작은아버지 65세, 삼촌신부님 60세, 정균이 작은아버지 57세, 재균이 작은아버지 54세)이고, 형제들의 아들과 딸들이 5(대졸 3, 대학원졸 1, 고교생1)이고, 누나는 법

적인 누나인데 자식이 3명(1명은 간호학 박사), 문중은 가톨릭이고, 작은아버지의 할아버지 신부님은 6.25 사변 때 뵌 일이 있고, 신부 옷을 벗은 김병기 신부님(5촌 아저씨), 얼마 전에 작고하신 김옥균 주교님(8촌 아저씨), 작고하신 사비나 이모 수녀님, 이종사촌 최규명 신부님(독일로 선교사 활동감), 그리고 우리 신부님(삼촌신부님)이 있다. 할아버지 신부님 윗대에도 가톨릭이었는지 아닌지는 모르겠다. 문중 사람들은 농사일, 회사원, 교직, 장사등을 하며, 순박한 사람들이다.

13

작은아버지

하숙집을 처음 시작해서 오랫동안 하숙생들이 먹다 남은 반찬과 찬밥을 먹으며, 학생들에게는 새로 지은 밥만을 제공 해왔었다. 얼마 전부터 접시에 반찬을 뷔페식으로 먹게 하여 거지같은 생활은 없어졌다. 따분한 생각이 들때면 꽃동네 최귀동 할아버지 생각을 하며 지내왔다. 최귀동 할아버지는 처음엔 잘사는 집안에서 복 받고 지냈는데, 어쩌다가 거지가 되어 오랫동안 밥을 구걸해 움직이지 못하는 다른 거지들과 나눠먹었다고 해.

어머님이 하숙을 쳐보라고 하셔서 25년간 하숙을 쳤는데, 그런대로 성공한 셈이다. 작은아버지가 교사생활을 계속했어도 이정도 재산을 못 모았을 것이다. 그러나 하숙하는 사람에게서 돈을 못 받은 사람도 더러 있다. 정진권씨가 4달치 하숙비를 안내고 나가고, 방은숙씨(여자)

가 또 4달치 하숙비를 안내고 나갔다. 원호씨는 600만원을 빚지고 그냥 나갔다가 다시 돌아와서 갚고 있는 중이고.

작은아버지는 체중미달로 지금 같으면 병역이 면제되었을 것이고, 꾀를 부릴 줄 모르고 약한 몸으로 시키는 대로하고, 하다 못하면 기합을 받고 힘든 군대생활을 했으니 애국자고("들은 말이 맞는지, 글이 맞는지는 모르겠다.") 체중미달로 듣고, 그렇게 믿고 지내다가 우연히 제대증을 보니 "2을"이라는 문구를 보았기 때문이야. 그러나 언젠가 텔레비전에서 군대에서 기록카드에 조작이 많았다고 얼마나 떠들어들 댔는가?

혜경이와 영주에게 저지른 죄가 그동안 잘못했던 일이고, 창녀들과 만났던 일들도 잘못이었지만, 결혼 후 35년이 지난 지금은 아무렇지도 않아. 결혼 전에 철없던 때의 일이고 개과천선했으니까. 케네디 미국대통령, 클린턴 미국 대통령의 혼외정사가 있는 세상인데 뭐. 케네디 대통령은 가톨릭 신자였는데, 사망한 직후에 혼외정사가 들통이 나서 존경받던 초상화들이 모두 떼어진 사건이고, 클린턴 대통령은 혼외정사 후, 본인이 "부적절한 행동"을 했다고 사과하고, 부인이 용서하고 맡은 바 일을 잘해서 대통령 임기를 끝까지 마치신 분이었다. 이 두 분 대통령이 작은아버지를 구해주신 것 같다. 우리 역사시간에 보면, 백제의 의자왕은 3천명의 궁녀를 두었다는 역사적 사실보다는 현대를 살아오신 두 분 대통령이 작은아버지를 구해 주신 것만 같아.

14

맺는말 (살기 좋은 세상)

이 글을 읽고 제가 인간 같다면 좋은 영화 1편 보시는 셈치고 제 책을 사주시고, 저의 가문과 문중이 괜찮다고 생각되시면, 환일중고등학교와 예일여자중고등학교 같은 재단을 하나 만들어 주실 독지가가 만일이라도 나타나시면 좋겠습니다. 40년 전 제가 25살 때부터 자서전을 쓰려고 시도하다가 쓰는 도중에 가족들이나 정신병원 의사가 못쓰게 했으나, 또 쓰고 정신병원에 들어가고, 자꾸 쓰려다가 자꾸 정신병원에 들어가곤 했습니다. 25번쯤 거의 2년에 한 번꼴로 들어갔었습니다.

40년이 지난 지금은 얼마나 좋아진 세상입니까? 국립 서울 병원(구, 국립 서울 정신병원)에서도 르네스 병원에서도 입원 중에 자서전을 써도 내버려 두고, 마지막으로 르네스 병원에 입원했을 때는 퇴원이 가까워졌을 때 다시 입원하려면 구청 상담소에 아내와 같이 가서 전문의와

상담한 후에 병원에 오라는 글이 제 병실 앞에 붙여졌습니다.

그동안에 현우는 결혼하고 냉담을 풀었고, 현국이에게 해줄 말은 예수님 시대에는 창녀였던 마리아 막달레나가 회개하여 성녀가 된 일도 있고 하니, 회개하고 다시 결혼하고, 우리 집안 모든 냉담자들(현국이, 현준이, 정균이 작은아버지)이 다 판공성사도 보고 서로들 의좋게 지냈으면 좋겠다. 그동안 서로들 선물교환도 안하고 지내왔는데, 관심이 없어서가 아니라, 그렇게 했다면 지금 같은 재산들을 어떻게 모았겠어. 현국아 지금은 이혼이 많은 세상이니, 너무 속상해 하지는 말아라.

혹시 독지가께서 나타나신다면 큰형님(71세), 우리 신부(60세), 형제들(정균 57세, 재균54세)과 무슨 사업을 할지 의논해 보겠습니다. 형제들은 호화로운 생활을 싫어하고, 호화롭게 살지도 않겠습니다. 점잖게만 살겠습니다. 어제(2010년 12월 29일), 텔레비전 방송을 보니 102살 동갑내기 정정한 부부가 나온 프로가 있었습니다. 인간의 수명은 점점 길어지는 것 같습니다. 앞으로는 100년 수명이 가능하다고 합니다.

현국이와 현준이에게

현우는 그동안 냉담을 풀고 결혼했다. 현국아, 현준아, 요즘은 이혼이 많은 세상이다. 결혼하면 여자가 이상형과 다르게 보여도 같이 살아라. 결혼은 해도 후회하고, 안 하면 더 후회한다고들 말한다. 그리고 여자의 성기나 유방도 너무 좋아 하지는 말아라. 그랬다가는 중간에 교통사고를 당해서 다리를 못 쓰게 되거나, 유방암으로 수술을 해야 할지도 모를 일이고, 그러면 끝까지 같이 살기가 괴로울 테니까. 서로 아끼고 이해하며, 하느님 안에서 서로 사랑하며 살다가 하느님이 부르시면 하느님 나라에 가는 것이다. 그리고 건강한 여자를 선택해서 살아라.

그 후 소식

이 책을 다 쓴지도 1년이 지났고, 그동안 현영이가 성당에서 결혼식을 올렸다. 정균이 작은아버지도 혼배미사 중에 영성체하는 것을 보았다. 이제 현국이와 현준이만 다시 성당에 나가면 좋겠다.

작은아버지는 자서전을 꼭 쓰고 싶은데 작은엄마는 아직도 결사반대다. 책을 내면 이혼하겠다거나, 병원에 다시 집어넣겠다고 한다.(그전에 언젠가 한번 작은아버지가 서투른 솜씨로 엉성하게 쓴 자서전을 읽고 재미있다고 말한 적도 있는데.) 작은엄마가 이렇게 화를 낼 때면, 억지 가문을 만들 수 있을까 하는 생각도 들고, 억만금을 벌면 무엇 하나 부담 없는 자기가 번 돈을 자기가 쓰면서 지내는 것이 낫지 않을까 하는 생각도 든다. 이제는 작은엄마만이 책 쓰는 것을 막는 유일한 사람이다. 그러나 작은엄마는 원래 말이 헤픈 사람이다. 언젠가는 작은아버지에게, 칼로 배때기를 찔러 죽여버리겠다고도 하고, 능력 있으면 첩도 얻으라고 한 적이 있으니까. 작은아버지도 정신과 의사를 죽이겠다고 한 적은 있지만, 이제 의사가 자서전 쓰는 것을 막지 않으니까 의사를 이긴 셈이다. 여우같은 마누라에 토끼 같은 자식이 그래도 좋지.

오늘 이메일 보낼 타자 맡긴 것을 찾으러 갈 때 작은엄마는 작은아버지 돈으로 낼 테면 내라는 태도다. 그러나 작은아버지는 천만 원 밖에 없다. 작은엄마를 설득시켜 보겠다. 돈을 안주면 용돈을 모아 자비 출판을 하겠다. 이 책을 내는 것은 내 소원이었다. 그 후 얼마동안 출판사 여러 군데 연결을 해봤는데 거절당했다. 그전에 책을 처음 낼 때 내게 잘못이 있다면 같이 법정에 서주겠다고 말해준 사람이 생각나고, 또 어떤 사람은 내가 출판사를 차려 출판하면 위법이 아니라고도 한다. 출판사 설립은 신고에 가까운 허가제라고 하고, 출판사 차리는 비용도 집에 방이 하나있으면 된다고 한다. 출판업을 하는데 돈도 별로 안 든다고 한다. 구청에 가서 출판등록을 하면 된다고 한다. 만일 구청에서 허가가 나오면 책이 팔리건 안 팔리건 따질 필요 없고, 그동안 가족들이나 병원의 압박도 다 사그라질 것 같다. 책이 팔리건 안 팔리건 성실히 살겠다. 책도 초판은 소량으로 내겠다.

17

인터넷 서점 개시 직전까지

이 책을 발행한지도 2개월이 지났다. 그동안 집안 모임이 있을 때 형제들 모두에게 한 권씩 주었다. 현수 엄마에게서 곧 전화가 왔다. 실명으로 책을 썼다고 화를 냈다. 솔직히 쓰기 위해서 쓴 책인데 그런 말을 들으니 나도 화가 나서 편지를 썼더니 전화 연락이 왔다. 막내 동생 세 살 때 일은 따지지 않겠지만, 막내가 정신병 환자임이 알려지면 어쩌나 하고 걱정하는 것 같다. 현수 엄마의(막내동생의 처) 정년퇴직 때까지 (2013. 9) 우선 책을 팔지 않기로 하고 전화를 끝냈다. (직장에서 불이익을 받을까 봐) 그 후 어느 날 현준이 엄마도(첫째 작은엄마) 작은아버지에게 느닷없이 갑자기 작은 소리로 "이 자식아"하고 욕을 하길래, 작은아버지도 "이년아"하고 작은 소리로 대답하고 식칼을 한 자루씩 가졌다. 현준이 엄마가 덤비지 않는 것을 보니 그저 한 번 그런 욕을 해보고 싶었던 모양이다. 현준이가 나와 보고 제방으로 곧 들어갔다. 가문을 만든다 해도 앞으로 현수 엄마나 현준이 엄마처럼 형제들이 감정 표현을 안 하고는 살 수 없을 것이다. 어느 일요일 성당에서 현수엄마가 의자에 앉아 있는 것을 보았다. 아는 체하고 살짝 건드렸더니, 감고 있던 눈을 뜨고 싫다는 표현도 안 하고 평온했던 얼굴 그대로 나를 보았다.

나도 여태까지 책을 쓰면서 현준이 엄마나 현수 아빠에 대한 칭찬이 부족했던 것 같다. 현수 아빠도 정신분열증 경력이 있으나, 20년간을 레지오마리애(종교단체)에 참가하여, 서기 직책도 여러 번, 단장 직책도 여러 번 했고, 없는 돈에서 매달 감사헌금도 꼬박꼬박 내왔고, 신앙생활을 잘 해왔다. 작은엄마도 20여 년간, 구역장 직책(종교단체)도 해보고, 레지오마리애(종교단체)에서도 서기도 해 보고, 단장도 연임해서 해보기도 하고 재균이 작은아버지처럼 봉사활동을 많이 해 왔다. 재균이 작은아버지는 군대를 가지 못했으나, 군 복무 기간 이상의 봉사를 해왔다.

이 책을 팔 수 있는 책이라고 삼인출판사 홍승권 부사장님이 말해주어서 고마웠고, 인터넷 서점을 개설해서 팔 수 있으면 좋겠다. 올 9월이 작은엄마(현수엄마)가 정년퇴직하는 때다. 첫째 작은엄마와 현수엄마의 반대 때문에 당장 팔 수 있는 책을 그동안 못 판 거다. 하숙방이 안

차서 요새는 현준이 엄마도 돈이 모자란다고 얘기하니, 내 책을 팔자고 하는 소리로 들린다. 그동안 현준이 엄마의 태도는 책을 팔고 싶어 하는 것도 같아 보이고, 그렇지 않은 것 같아 보이기도 해 왔었다. 어제는 가족들이 성묘 갔다 왔다. 현수엄마도 왔는데, 내게 화내는 기색이 조금도 없고, 그 전처럼 재균이 작은아버지 담배 피는 습관 좀 고쳐달라고 작은아버지에게 명랑한 목소리로 호소했다. 올해 9월엔 책을 팔 수 있으면 좋겠다. (그 이전에 팔 수 있으면 더욱 좋을 것이고) 현준이 엄마가 팔자고 할 때까지 기다릴 수밖에 없다.

18

책을 발행해서 현재까지의 이야기

2012. 7. 1. 책을 발행했고, 2013. 9.까지 막내 작은엄마가 정년퇴직할 때까지 기다렸고, 2013. 11. 12 인터넷 서점을 개시했고, 2014. 2. 25. 처음 책이 팔리고, 그 후 며칠 내에 3권이 팔리고, 11월 20일에 또 한 권 팔고, 2015. 3. 12 한 권이 팔렸다.

내가 어렸을 때는, "공자님 같은 분이 구원을 못 받지는 않았을 것 같다"고 하던 말이, 김수환 추기경님 발언("세례 받지 않았어도 구원받을 수 있다")이래, 새 교황님(프란치스코 교황님)에게서 "무신론자도 착한 일을 하면 구원 받을 수 있다"는 발언이 나오기도 했다. 프란치스코 교황님은 프로테스탄트, 불교, 유고, 회교와 좋은 관계를 맺고자 노력하셨고 타 종교들을 존중하셨다. 이젠 가톨릭교회가 가톨릭만을 진정한 종교로 여기던 생각은 많이 달라진 것이다. 2014. 8월 달에 아세안 청년

대회와 한국 시성 시복 대회가 한국에서 있었다. 텔레비전을 보니까 각 종교 대표자들이 의식에 모여 있는 것이 보였다.

나도 그 동안 여러 가지 경험을 했다. 현국이만 동거 후 결혼, 이혼이 있는 줄 알았는데, 현준이 친구(복사 친구) 한 명도 동거하고 있고, 그 애 누나도 이혼하고 또 다른 남자와 동거하고 있고, 현준이 외사촌 남자애들 형제도 결혼했다가 둘 다 이혼하고, 다시 둘 다 재혼해서 둘 다 딸을 낳고 잘살고 있다.

현우는 그동안 다니던 컴퓨터 회사를 그만두고 조그만 슈퍼마켓을 차려 잘살고 있으나, 현국이는 중이 되려고 하고 있다고 하기도 하고, 인도에 갔다고도 한다. 현준이는 현우를 닮을지, 현국이를 닮을지, 독신으로 살지 잘 모르겠다. 현준이가 우리 집에서 살고, 아무 직업이라도 갖기만 하면 결혼은 곧 할 수 있는데, 떡볶이 장사라도 나와 같이하다가 결혼하면 제 아내와 둘이서 하면 될 텐데. 연대는 벌써 기숙사를 지었고, 이대도 기숙사를 짓는다고 하니, 하숙집도 앞으로 2~3년밖에 못할 것 같고, 내 책도 이제 겨우 6권밖에 못 팔았다. 현준이 외가 쪽의 어떤 사람은 시골에서 농사짓다가 논, 밭 팔아서 회사를 만든다고 하더니, 그 돈을 몽땅 사기당하고, 서울에 와서 우유배달을 하고 지내고 있고, 또 한 사람은 꽃뱀을 만나 조금 있던 재산을 다 털어서 여자가 도망갔다가 다시 돌아왔다고도 한다.

한주엄마는 우리 곗돈 탈 것을 주는 것을 미루고 있고, 땅은 지금 팔면 손해일 것 같고, 차라리 집을 팔면 깨끗할 것 같은데, 그건 현준이 엄마가 막는다. (이집 판돈으로 이만한 집을 다른 곳에 살 수 없다고 한다.) 현준이를 중매반, 연애반 결혼을 시켰으면 좋겠다.

책이 안 팔린다면, 언젠가는 글 잘 쓰는 사람에게 책을 만들어 달라고도 해보고 싶은데, 내게 한 7천만 원쯤 버려도 아깝지 않을 여윳돈이 있을 미래의 일인 것만 같다. 자서전을 멋지게 만들어 주겠다는 신문광고가 3군데 출판사에서 광고 중이다. (유림이 아빠도 주식을 하다가 몇 억쯤 손해 봤다는 말도 있고) 눈 감으면 코 베어 간다는 세상, 늘 어디선가 크고 작은 전쟁이나 테러가 행해지고 있는 세상, 더군다나 사람은 누구나 다 죽어야 할 세상이다. 돈이 제일인 것 같지만, 돈이 많은 사람이 자살을 하는 사람도 있다.

그 동안 이런 저런 이유로 책을 만들고 파는 일이 지연되었고, 세월이 흘러 큰 형님이 76, 우리 신부님이 65, 현영이네 작은아버지가 62, 막내 작은아버지가 59세가 되었다. 결혼이나 취직문제가 남은 사람은 현준이와 현수가 있다. 현우가 그 동안 아들을 둘 낳았고, 현영이는 딸을 하나 낳았다. 큰형님은 4층 집을 지어 원룸을 운영하고 계신다.

2015년 2월 초쯤 평화방송 TV에서 명화 감상 시간에 방영된 "딸 젖

빨아 먹는 아버지"(그림설명)가 있었는데, 아사형(굶겨 죽이는 형벌)을 언도 받은 아버지에게 음식 반입이 안 되자, 근래 출산했던 딸이 몰래 아버지에게 젖을 먹여 살렸다 함, 왕이 감탄하여 형벌을 용서해 주었다는 그림 해설이 있었다.

19

책이 한 권도 안 팔린
지난 2~3년간을 전후한 이야기

2018년

여러 신문에 광고 낸지 5년이 지났다. 아직 판매실적이 25권밖엔 안 되지만 그동안 광고는 많이 됐을 것이고, 광고만 많이 낸다고 더 팔릴 것 같지도 않아서 경향신문에만 광고를 내기로 했다. 특별한 일이 없는 한 앞으로도 계속 이 신문에 광고 낼 것이다.

프란치스코 교황님이 스웨덴에서 열린 루터교연맹이 개최한 종교개혁 500주년 기념식에 초청받은 자리에서 가톨릭이 과거에 잘못한 점이 많았다고 하셨다. (또 누군가는 십자군 전쟁도 잘못한 점이었다고 했다.) 교황님은 이 기념식에서 "봉사부터 시작해 나가자"등 일치를 위한 만남을 가졌다.

2018. 02.

이즈음에 내 블로그 광고 내용이 좀 달라졌는데, 단테(문인)얘기가 들어간 것을 보니 큰형님의 행동인 것 같다.

2019. 10. 29.

텔레비전에서, 가톨릭교회가 초기에는 결혼한 성직자들이었고 11세기부터 현재까지는 결혼을 안 한 성직자들이었다고 했다. 대학 강의시간에 차하순 교수님이 말씀하신 교황님은 11세기 이후 교황님 중 한 분인 것 같아 보인다.

2019. 12. 8.

가톨릭교회에서 언젠가는 성직매매도 있었다고 한다.

2020. 6. 5.

암소가 송아지를 땅에 털썩 떨구며 낳는 장면을 그대로 보여주기도 했다. 이때쯤 군종교구장님이 장병들에게 "4대 종교가 있다. 좋은 종교를 택해서 믿어라"하고 말씀하셨다. 그동안 현국이는 이혼하고, 결혼 안하는 중이 됐다.

2020. 12. 4.

"자살한 사람의 영혼도 주님의 자비에 맡긴다"는 수녀님의 말씀이
있었다.

2021년

현수(조카)가 결혼 한지도 1년이 지났다. 이제 아들 현준이 결혼만
남았다. 요즘은 외동딸도 많은 시대니까 신혼집을(4억 원쯤 되는 집)
양가에서 돈을 반씩 내어 마련했으면 좋겠다. 중매반, 연애반의 결혼을
했으면 좋겠다.

그전에 청어출판사를 방문했을 때, 내 책 내용 중 성적인 장면 때문
에 책을 내줄 수 없다고 하던 생각이 난다. 이어령씨 경우처럼, 상급기
관에서 "와라, 가라"하기 쉽다고 했다. 그동안 크고 작은 성적인 사건들
이 얼마나 많았는가. 대표적으로 Bak-sa방, N번방등 엄청난 아동성착
취 사건들, 박원순 서울시장과 오거돈 부산시장 등, 또 다른 수많은 성
적인 사건들이 보도 되었다.

2021. 4. 8.

어떤 사람이 택시를 타고 저녁때에 찾아와 한국어판 1권을 사 가지고 갔다.

참 많이 달라진 세상

초판 1쇄 발행　　2012년 7월 　 1일
재판 1쇄 발행　　2017년 4월 　15일 번역
개정 1판 발행　　2022년 3월 　20일

지은이　　김용균
펴낸곳　　김용균출판사
출판등록　　제301-2012-000031호
주 소　　서울특별시 서대문구 성산로 573-3(대신동)
인 쇄　　(주) 한교원색
정 가　　10,000원

ISBN 978-89-969077-2-5

+ 잘못 만들어진 책은 구입한 곳에서 교환해드립니다.